Lo mejor de Bill

*Reflexiones sobre la fe, el miedo,
la honradez, la humildad y el amor*

Además, el clásico ensayo de Bill
sobre el anonimato

LIBROS PUBLICADOS POR
AA GRAPEVINE, INC.

Lo mejor de Bill

Reflexiones sobre la fe, el miedo,
la honradez, la humildad y el amor

Además, el clásico ensayo de Bill
sobre el anonimato

AAGRAPEVINE, Inc.
New York, New York
www.aagrapevine.org

ISBN: 978-0-933685-48-2

Preámbulo de AA

Alcohólicos Anónimos es una comunidad de personas que comparten su mutua experiencia, fortaleza y esperanza para resolver su problema común y ayudar a otros a recuperarse del alcoholismo.

El único requisito para ser miembro de AA es el deseo de dejar la bebida.

Para ser miembro de AA no se pagan honorarios ni cuotas; nos mantenemos con nuestras propias contribuciones.

AA no está afiliada a ninguna secta, religión, partido político, organización o institución alguna; no desea intervenir en controversias, no respalda ni se opone a ninguna causa.

Nuestro objetivo primordial es mantenernos sobrios y ayudar a otros alcohólicos a alcanzar el estado de sobriedad.

Oración de la Serenidad

Dios, concédeme serenidad
para aceptar las cosas
que no puedo cambiar,
valor para cambiar
aquellas que puedo,
y sabiduría
para reconocer
la diferencia.

Índice

Prólogo

En 1935, un agente de bolsa, alcohólico, de Nueva York, que había dejado de beber, convenció a otro alcohólico, un cirujano, en Akron, Ohio, de que ya no tenía que volver a tomar. A partir de ese encuentro histórico, nació y creció un programa de recuperación que ha traído esperanza a más de dos millones de alcohólicos de todo el mundo.

Con el fin de animar, inspirar y mantener viva la comunicación en esta comunidad dispersa y cada vez mayor, que adoptó el nombre de Alcohólicos Anónimos, su cofundador Bill W. recurrió al Grapevine, una revista creada en Nueva York en 1944 por "seis calamitosas alcohólicas manchadas de tinta", según dijo Bill haciendo gala de su sentido del humor. La revista tuvo una aceptación inmediata y una amplia difusión, y con el tiempo se transformó en la "Revista Internacional de Alcohólicos Anónimos".

Bill W. fue un escritor prolífico y lleno de energía, que colaboró con el Grapevine con casi 150 artículos. En esas páginas, Bill registró una crónica de los eventos que se sucedieron en los primeros años de AA. Del arduo proceso de intentos y errores de los inicios, se derivaron los principios que iban a unificar y sostener a esta extraordinaria comunidad. Los escritos de Bill W. tratan una amplia variedad de temas, desde los principios básicos de los Pasos y Tradiciones de AA, a la búsqueda personal de la "sobriedad emocional", y tienen un gran significado no sólo para los miembros de AA sino para toda persona que busque el crecimiento espiritual.

En 1988, en respuesta a la gran demanda de reimpresiones de cinco de estos artículos —"Fe", "Miedo", "Honestidad", "Humildad" y "Amor"— se creó una recopilación en inglés, llamada *The Best of Bill*, editada luego en español como Lo mejor de Bill. La gran popularidad de este pequeño libro motivó a los editores del Grapevine a publicar una nueva edición en inglés en 2002, en la que se incluyó también el ensayo de Bill W. sobre el anonimato, *Por qué Alcohólicos Anónimos es anónimo*.

Esta nueva edición en español preparada por los editores del Grapevine y La Viña —la revista internacional de Alcohólicos Anónimos en español, publicada por AA Grapevine, Inc.— ha uniformizado la puntuación, según las reglas de nuestro idioma, y buscado en algunos casos expresiones en español más claras e idiomáticamente precisas, pero no siempre equivalentes al original en inglés.

Fe

Dios como nosotros lo concebimos:
el dilema de la incredulidad

∽

ABRIL DE 1961

La frase, "Dios como nosotros lo concebimos" es, tal vez, la expresión más importante que se encuentra en el vocabulario de AA. Estas cinco significativas palabras tienen un alcance tal, que en ellas se puede incluir todo tipo y grado de fe, junto con la seguridad absoluta de que cada uno de nosotros puede escoger la suya propia. De igual importancia para nosotros son las expresiones complementarias: "un poder superior" y "un poder superior a nosotros mismos". Para todos los que rechazan la idea de un dios o que ponen seriamente en duda la existencia de una deidad, estas palabras enmarcan una puerta abierta por cuyo umbral el incrédulo puede dar fácilmente su primer paso hacia una realidad hasta ahora desconocida para él: el reino de la fe.

En AA tales adelantos ocurren todos los días. Son todavía más extraordinarios si tenemos en cuenta que, tal vez, para la mitad de nuestros más de 300.000 miembros actuales, una fe efectiva parecía ser, en una época, una imposibilidad de primera magnitud. Todos estos escépticos han hecho un gran descubrimiento: en cuanto pudieron depender principalmente de un "poder superior" —aunque fuera su propio grupo de AA— salieron de esa curva ciega que siempre les había impedido ver el camino despejado. A partir de ese momento —suponiendo que se hubieran esforzado por practicar el resto del programa de AA con una mente abierta y tranquila— una fe cada vez más amplia y profunda, una auténtica dádiva, invariablemente había hecho su, a veces, inesperada y a menudo misteriosa aparición.

Es de lamentar que los muchos alcohólicos que nos rodean desconozcan estas realidades de la vida de AA. Tantos de ellos se encuentran obsesionados por la tétrica convicción de que, si tan sólo se acercan a AA, se verán presionados a someterse a algún tipo determinado de fe o teología. No se dan cuenta de que, para ser miembro de AA, no se exige nunca tener fe; que se puede lograr la sobriedad con un mínimo de fe, muy fácil de aceptar; y que nuestras ideas de un poder superior y de Dios, como nosotros lo concebimos, les deparan a todos la oportunidad de elegir entre una variedad casi ilimitada de creencias y acciones espirituales.

Uno de nuestros mayores desafíos de comunicación es cómo transmitir estas buenas nuevas; y tal vez, para este problema no haya una solución fácil y definitiva. Nuestros servicios de información pública quizás podrían empezar a destacar más enfáticamente este aspecto tan importante de AA. Y dentro de nuestras filas, sería bueno que cultiváramos una conciencia más compasiva del aislamiento y de la desesperación que sufren estas personas. Para acudir en su ayuda, debemos tener la mejor actitud posible, y recurrir a los esfuerzos más ingeniosos que podamos.

También podemos volver a considerar el problema de la "falta de fe" tal como se nos presenta a nuestras puertas. Aunque 300.000 se han recuperado en el curso de los pasados 25 años, unos 500.000 más han cruzado el umbral de nuestra Comunidad para luego dar la vuelta y apartarse de nosotros. Algunos, sin duda, estaban demasiado enfermos incluso para comenzar. Otros, no pudieron o no quisieron admitir que eran alcohólicos. Otros más, no podían hacer frente a sus defectos de personalidad subyacentes. Muchos se alejaron por otras razones.

No obstante, de poco nos serviría echar toda la culpa de todas estas malogradas recuperaciones a los mismos recién llegados. Es posible que muchos de ellos no recibieran la calidad y cantidad de apadrinamiento que tan urgentemente necesitaban. No nos comunicamos con ellos cuando tuvimos la oportunidad de hacerlo. Esto quiere decir que nosotros los AA les fallamos. Tal vez con más frecuencia de la que creemos, seguimos sin comunicarnos en profundidad con aquellos que sufren el dilema de la incredulidad.

No hay nadie más sensible a la arrogancia espiritual, la soberbia y la agresividad que estas personas, y no cabe duda de que nosotros lo olvidamos demasiado a menudo. Durante los primeros años de AA, casi arruiné toda la empresa con esta especie de arrogancia inconsciente. Dios, como yo lo concebía, *tenía* que ser así para todos. A veces, mi agresividad era sutil, y otras veces muy ruda. Pero, de cualquier forma, era injuriosa —y tal vez letal— para numerosos incrédulos. Huelga decir que estas actitudes no se manifiestan únicamente en el trabajo de Paso Doce. Es muy probable que vayan infiltrándose en nuestras relaciones con todo el mundo. Hoy todavía, me veo en ocasiones proclamando ese mismo refrán obstaculizador: "Haz lo que yo hago, cree lo que yo creo, o si no..."

El relato que cuento a continuación nos ilustra lo cara que nos resulta la soberbia espiritual. Un candidato de opiniones bastante arraigadas llegó acompañado a su primera reunión de AA. El primer orador se concentró en sus propias costumbres de bebedor, y parecía haberle causado al candidato una gran impresión. Los dos siguientes oradores (casi diría predicadores) iban dilatándose sobre el tema "Dios como *yo* lo concibo". Sus charlas pudieron haber tenido buen efecto, pero no fue así en absoluto. El problema estaba en su actitud, en la forma en que presentaban sus experiencias. Rezumaban soberbia. De hecho, el último en hablar se pasó de la raya hablando de sus convicciones teológicas personales. Con perfecta fidelidad, ambos estaban repitiendo mi actuación de los años anteriores. Implícita en todo lo que decían —sobreentendida— estaba la idea: "Escúchennos. Nosotros tenemos la única verdadera versión de AA, y más vale que ustedes nos emulen".

El principiante dijo que no podía aguantar más, y no pudo. Su padrino trató de explicarle que AA no era realmente así. Pero ya era tarde; después de esa experiencia, nadie podía llegarle al corazón. Además, tenía un pretexto de primera categoría para irse de borrachera. Según las últimas noticias que tuvimos de él, parecía tener una cita prematura con la muerte.

Afortunadamente, hoy en día rara vez vemos tal descarada agresividad en nombre de la espiritualidad. No obstante, podemos sacar algún provecho de este triste episodio. Podemos preguntarnos si, en formas menos obvias pero igualmente destructoras, no somos más propensos de lo que creemos a arranques de soberbia espiritual. Creo que esta clase de autoexamen, si nos aplicamos diligentemente a hacerlo, podría sernos muy provechoso. Nada podría aumentar con mayor seguridad la comunicación entre nosotros mismos y con Dios.

Hace muchos años, uno de los llamados incrédulos consiguió que yo me diera muy clara cuenta de eso. Era médico; y uno de los buenos. Lo conocí a él y a su mujer, María, en casa de un amigo mío en una ciudad del Medio Oeste. Nos encontramos en una velada puramente social. Mi único tema era nuestra comunidad de alcohólicos, y yo estaba casi monopolizando la conversación. No obstante, el doctor y su señora parecían estar sinceramente interesados, y él me hizo muchas preguntas. Una de estas preguntas me suscitó la sospecha de que era agnóstico, o tal vez ateo.

Esta sospecha me sirvió de impulso, y me puse a convertirlo en ese mismo momento. Con suma gravedad, yo alardeaba de mi dramática experiencia espiritual del año pasado. El médico muy afablemente me preguntó si tal vez esa experiencia no pudiera haber sido algo distinto de lo que yo creía. Este comentario me hirió y estuve muy descortés con él. No me había hecho ninguna provocación; al contrario, el doctor era un hombre muy caballeroso, con buen humor, e incluso respetuoso. Me dijo, con aire pensativo, que a menudo le hubiese gustado tener una fe tan firme como la mía. Pero estaba muy claro que yo no había logrado convencerlo de nada.

Tres años más tarde, volví a visitar a mi amigo del Medio Oeste. María, la esposa del médico, nos hizo una visita y me enteré de que su marido había muerto la semana anterior. Muy conmovida, María empezó a hablar de él.

Hijo de una distinguida familia de Boston, se había graduado en la Universidad de Harvard. Terminó sus estudios de manera brillante y podría haber llegado a ser un médico renombrado. Pudo haber tenido una carrera muy lucrativa, y disfrutado de una vida social entre viejas amistades. En lugar de seguir este curso, se empeñó en trabajar como médico de una empresa situada en una ciudad industrial desgarrada por conflictos sociales. Cuando María de vez en cuando le preguntaba por qué no volvían a Boston, solía tomarla de la mano y decir: "Tal vez tienes razón, pero no puedo convencerme de salir de aquí. Creo que la gente de la compañía realmente me necesita".

María nos contó que no podía acordarse de haber oído a su esposo quejarse seriamente de nada, ni criticar amargamente a nadie. Aunque parecía encontrarse perfectamente bien, el doctor había bajado su ritmo durante los últimos cinco años. Cuando María lo animaba a salir por las tardes, o trataba de conseguir que llegara a tiempo a la oficina, él siempre respondía con alguna excusa válida y afable. Sólo cuando cayó súbita y mortalmente enfermo, ella llegó a enterarse de que durante todo ese tiempo había padecido de un mal cardíaco que lo hubiera podido matar en cualquier momento. Con excepción de un solo médico de su equipo, nadie tenía idea de lo que le pasaba. Cuando ella se lo reprochó, él dijo simplemente: "No podía ver de qué serviría hacer que la gente se preocupara por mí, especialmente tú, querida".

Ésta es la historia de un hombre de gran valor espiritual. Se pueden ver claramente sus atributos: el humor y la paciencia, la amabilidad y el valor, la humildad y la dedicación, la generosidad y el amor —un ejemplo al que yo tal vez nunca podré ni siquiera aproximarme—. Éste era el hombre a quien yo había reprendido y tratado con condescendencia. Éste era el "incrédulo" a quien yo había pretendido instruir.

María nos contó esta historia hace más de veinte años. En ese momento, por primera vez, caí repentinamente en la cuenta de lo muerta que puede ser la fe, si no va acompañada de la responsabilidad. El doctor tenía una creencia inamovible en sus ideales. Pero también practicaba la humildad, la sabiduría y la responsabilidad. De ahí su demostración ejemplar.

Mi propio despertar espiritual me dio una fe sólida en Dios —una verdadera dádiva—. Pero yo no había sido ni humilde ni sabio. Al alardear de mi fe, olvidé mis ideales. La soberbia y la irresponsabilidad los habían reemplazado. Al apartarme así de mi propia luz, tenía poco que ofrecer a mis compañeros alcohólicos. Por lo tanto, para ellos mi fe estaba muerta. Por fin, vi por qué muchos de ellos se habían apartado —algunos para siempre—.

Por ello, la fe es mucho más que nuestra más preciada dádiva; compartirla con otros es nuestra mayor responsabilidad. Ojalá que nosotros, los AA, busquemos continuamente la sabiduría y la buena voluntad que nos permitan cumplir con la obligación que el dador de todas las dádivas perfectas nos ha encomendado.

Miedo

Este asunto del miedo

∽

Como dice el Libro Grande: "El miedo es una hebra maligna y corrosiva; la trama de nuestra existencia la lleva entrecruzada". El miedo es, sin duda, un obstáculo para la razón y para el amor, y, por supuesto, invariablemente instiga la ira, la vanagloria y la agresión. Es la base de la culpa sensiblera y de la depresión paraliza-dora. El presidente Roosevelt hizo una vez el siguiente comentario significativo: "A lo único que debemos temer es al miedo mismo".

Esta es una acusación muy seria, y tal vez demasiado general. Hemos descubierto que, a pesar de su acostumbrada destructividad, el miedo puede ser el punto de partida hacia mejores cosas. El miedo puede ser un escalón hacia la prudencia y un respeto digno a los demás. Puede enseñarnos tanto la senda hacia la justicia como hacia el odio. Y cuanto más justicia y respeto tengamos, más pronto llegaremos a encontrar el amor que tolera el sufrimiento y, no obstante, se da libremente. Así que el temor no tiene que ser siempre destructivo, porque las lecciones de sus consecuencias nos pueden conducir a valores positivos.

El lograr liberarse del miedo es una empresa para toda la vida, algo que nunca se puede terminar completamente. Al vernos ferozmente asediados, seriamente enfermos, o en otras circunstancias de gran inseguridad, todos nosotros reaccionaremos, bien o mal, según el caso. Sólo los vanidosos pretenden estar totalmente libres del temor, aunque su presunción, en realidad, tiene sus raíces en los temores que han olvidado temporalmente.

Por lo tanto, el problema de superar el miedo tiene dos aspectos. Trataremos de lograr liberarnos del miedo tanto como nos sea posible. Después, tendremos que buscar el valor y

la gracia para enfrentarnos de una forma cons-
tructiva con los temores que nos queden. El intentar comprender nuestros temores, y los temores de los demás, no es sino el primer paso.
La cuestión más importante es cómo y adónde
nos dirigimos a partir de ese punto.

Desde los comienzos de AA, he visto a miles de mis compañeros adquirir una capacidad
cada vez mayor para comprender y superar
sus temores. Estos ejemplos han constituido
una constante ayuda e inspiración. Por lo tanto, tal vez sería apropiado contar algunas de
mis experiencias con el miedo y de cómo logré
deshacerme de él hasta un nivel promisorio.

Cuando era niño, sufrí algunos traumas
emocionales muy fuertes. Había graves trastornos familiares, yo tenía un aspecto físico
desgarbado, y otras cosas por el estilo. Otros
muchachos, por supuesto, también padecen de
estas dificultades emocionales y salen de ellas
sanos y salvos. Pero yo no. Es evidente que yo
era hipersensible, y por lo tanto, excesivamente

temeroso. Fuera lo que fuera, se desarrolló en mí una verdadera fobia de que yo no era como los demás muchachos, y que nunca podría serlo. Al principio esto hizo que me hundiera en una depresión, y de ahí me llevó a la soledad del aislamiento.

Pero estas angustias de la niñez, generadas todas ellas por el miedo, llegaron a ser tan insoportables que me volví muy agresivo. Convencido de que nunca podría encajar en ninguna parte, y prometiéndome que jamás me contentaría con ser una persona de segunda categoría, sentí que tenía que sobresalir en todo lo que decidiera hacer, ya fuera trabajo o diversión. A medida que esta atractiva fórmula para lograr una vida feliz empezó a tener éxito, según la definición del éxito que tenía entonces, comencé a sentir una felicidad delirante. Pero cuando en ocasiones fracasaba en alguna empresa, me sentía inundado de un resentimiento y una depresión que sólo podían curarse con la próxima victoria. Por consiguiente, desde muy temprano llegué a valorar todo en términos de victoria o fracaso —todo o nada—. La única satisfacción que conocía era ganar.

Este falso antídoto contra el miedo se convirtió en una costumbre, cada vez más arraigada, que me persiguió durante mis días de estudiante, la Primera Guerra Mundial, mi agitada carrera de bebedor en Wall Street, hasta llegar a la hora final de mi colapso absoluto. Para aquel entonces, la adversidad había dejado de ser un estímulo, y no sabía si mi mayor miedo era vivir o morir.

Aunque el patrón básico de mis miedos es muy común, existen muchos otros. Para decir verdad, las formas en que el temor se manifiesta y los problemas que entraña son tan numerosos y complejos, que no sería posible considerar en detalle ni siquiera unos pocos en este breve artículo. Tenemos que contentarnos con repasar aquellos recursos y principios espirituales con los que podemos, tal vez, enfrentarnos al temor en cualquiera de sus aspectos.

En mi propio caso, la piedra fundamental de la liberación del miedo es la fe: una fe que, a pesar de las aparentes contradicciones mundanas, me hace creer que vivo en un universo que tiene sentido. Para mí, esto significa la creencia de un Creador que es todo poder, justicia y amor; un Dios que me tiene asignado un propósito, un significado y un destino de crecer, aunque sea poco y a los tropezones, acercándome a su imagen y semejanza. Antes de llegarme la fe, vivía como un extraño en un cosmos que, muy frecuentemente, me parecía hostil y cruel. En él no podía haber para mí ninguna seguridad interior.

El Dr. Carl Jung, uno de los tres fundadores de la psicología moderna, tenía una profunda convicción sobre este gran dilema del mundo de hoy. Parafraseando lo que él decía al respecto: "Cualquier persona que ha llegado a los cuarenta años de edad y todavía no posee los medios para comprender quién es, dónde se encuentra, y adónde se dirige, no puede evitar convertirse en un neurótico, en mayor o menor medida. Esto es cierto, tanto si sus impulsos juveniles de sexo, de seguridad material, y de conseguir un lugar en la sociedad hayan sido, o no, satisfechos". Cuando el buen doctor dijo "convertirse en neurótico" bien podría haber dicho: "sentirse acosado por el temor".

Ésta es la razón por la que los AA recalcamos con tanta insistencia la necesidad de tener fe en un poder superior, cualquiera que sea la forma en que lo definamos. Tenemos que encontrar una vida en el mundo de la gracia y del espíritu, y esto, sin duda, es una nueva dimensión para la mayoría de nosotros. Por extraño que parezca, nuestra búsqueda de este mundo espiritual no nos resulta muy difícil. Por lo general, empezamos a ser conscientes de haber entrado en este mundo tan pronto como hemos confesado sinceramente nuestra impotencia personal para seguir a solas, y hemos hecho nuestra petición a cualquier Dios que creamos que existe —o pueda existir—. El resultado es el don de la fe y la conciencia de un poder superior. A medida que crece la fe, aumenta nuestra seguridad interior. El profundo y enorme temor a la nada empieza a menguar. Por lo tanto, los AA nos damos cuenta de que nuestro antídoto fundamental contra el miedo es el despertar espiritual.

Sucede que mi propio despertar espiritual me vino como un relámpago y fue totalmente convincente. Al instante me convertí en una parte —aunque fuese una pequeñísima parte— de un universo regido por la justicia y el amor personificados por Dios. Fuesen cuales fuesen las consecuencias de mi propia obstinación e ignorancia, y las de mis compañeros de viaje en esta tierra, ésta era, no obstante, la verdad. Ésta era la nueva y rotunda seguridad que sentía, que ha quedado conmigo para siempre. Se me dio a conocer, al menos por el momento, lo que podía ser la ausencia del temor. Huelga decir que el don de la fe que yo recibí no es, en su esencia, distinto a los despertares espirituales experimentados desde entonces por incontables AA —tan sólo fue más repentino—. A pesar de su importancia decisiva, este nuevo enfoque sólo marcó el punto de partida del camino que me aleja del temor y me lleva hacia el amor. Mis viejas inquietudes, profundamente arraigadas, no fueron extirpadas de manera instantánea y permanente. Naturalmente, volvieron a aparecer, y a veces, de forma alarmante.

No fue nada asombroso que, por haber experimentado una experiencia espiritual tan espectacular, la primera etapa de mi vida en AA estuviera caracterizada por mucha soberbia y ambición obstinada de poder. Seguía sintiendo ese deseo ardiente de ejercer mi influencia y tener la aprobación de los demás, esa ansia de ser el jefe. Y aun más, ahora podía justificar esta conducta, en nombre de las buenas obras.

Afortunadamente resultó que esa fase de flagrante grandiosidad, que duró varios años, fue seguida de una racha de adversidades. Mi exigencia de tener la aprobación de los demás, claramente suscitada por el miedo de no tener toda la que deseaba, empezó a chocar con las tendencias idénticas de mis compañeros de AA. De ahí que, sus esfuerzos para proteger de mi influencia a la Comunidad, y mis esfuerzos para protegerla de la suya, se convirtieran en nuestra ocupación principal. Naturalmente, esto provocó la ira, el recelo y toda clase de episodios terribles. En esa época extraordinaria de nuestro desarrollo, que ahora nos resulta bastante cómica, un buen número de nosotros volvimos de nuevo a hacer el papel de Dios. Durante algunos años, los AA ávidos de poder anduvieron desbocados. Pero de esa temible situación se desprendieron los Doce Pasos y las Doce Tradiciones de AA. Fundamentalmente, estos principios estaban diseñados para reducir nuestros egos y así reducir nuestros temores. Esperábamos que estos principios nos mantuvieran unidos y aumentaran el amor que sentíamos los unos por los otros y para con Dios.

Poco a poco aprendimos a aceptar tanto los pecados como las virtudes de nuestros compañeros. En esta época acuñamos la potente y significativa expresión: "Que siempre amemos lo mejor de los demás, y nunca temamos lo peor". Después de unos diez años de intentar incorporar en la vida de nuestra sociedad esta clase de amor y aplicar los Pasos y las Tradiciones a la reducción de nuestros egos, los grandes temores que sentíamos por la supervivencia de AA simplemente se disiparon.

La práctica de los Doce Pasos y las Doce Tradiciones de AA, en nuestras vidas personales, nos ha liberado de forma increíble de todo tipo de temores, a pesar de la multitud de graves problemas personales que abundaban entre nosotros. Aquellos temores que subsistían, los podíamos reconocer por lo que eran y, con la gracia de Dios, llegamos a ser capaces de encararlos. Empezamos a considerar cada adversidad como una oportunidad que Dios nos había deparado para cultivar el valor que nace de la humildad y no de la arrogancia. Y así podíamos aceptarnos a nosotros mismos, aceptar nuestras circunstancias y a nuestros compañeros. Con la gracia de Dios, nos dimos cuenta de que, incluso, podríamos morir con dignidad, decoro y fe, sabiendo que "El Padre es quien hace las obras".

Los AA ahora nos encontramos viviendo en un mundo caracterizado, más que nunca, por los temores destructores. No obstante, en este mundo vemos también vastas áreas de fe y magníficas esperanzas de justicia y hermandad. Sin embargo, no hay ningún profeta que se atreva a predecir si el destino final de este mundo será una inmensa conflagración o el comienzo, según el designio de Dios, de la época más brillante que haya conocido la humanidad. Lo que sé es que a nosotros los AA este escenario nos resulta muy familiar. Cada uno en su propia vida ha pasado, en microcosmos, por este mismo estado de espantosa incertidumbre. Sin soberbia alguna, los AA podemos decir que no tenemos miedo de cuál pueda ser

el destino final de este mundo, porque se nos
ha posibilitado sentir y decir con seguridad:
"No temeremos ningún mal; hágase tu voluntad, no la nuestra".

Aunque la siguiente historia se ha contado
numerosas veces, vale la pena volver a contarla.
El día que nuestro país sufrió la tremenda calamidad de Pearl Harbor, un amigo de AA, y una
de las figuras espirituales más destacadas que
jamás podamos conocer, iba caminando por
una calle de Saint Louis. Se trataba de nuestro
querido Padre Edward Dowling, de la Orden de
los Jesuitas. Aunque no era alcohólico, había
sido uno de los fundadores del grupo AA de
su ciudad, que tuvo grandes dificultades, y uno
de sus principales inspiradores. Como muchos
de sus amigos, normalmente sobrios, ya habían
recurrido a la botella para borrar de sus men-
tes las posibles consecuencias del desastre de
Pearl Harbor, el Padre Ed se sentía angustiado
por la probabilidad de que su querido grupo de
AA fuera a hacer lo mismo. Para el Padre Ed,

esto sería en sí mismo una calamidad de primera categoría.

Entonces, un miembro de AA que llevaba sobrio menos de un año, se le acercó y entabló con él una animada conversación, principalmente acerca de AA. Para su gran alivio, el Padre Ed vio que su compañero estaba totalmente sobrio, y que no soltaba ni una palabra acerca del asunto de Pearl Harbor.

Agradablemente sorprendido, el buen Padre le preguntó: "¿Cómo es que no tienes nada que decir acerca de Pearl Harbor? ¿Cómo puedes aguantar un golpe tan duro?"

"Bueno —replicó el AA—, realmente me asombra que no lo sepas. Todos y cada uno de los AA ya hemos sufrido nuestro propio Pearl Harbor. Así que, dime, ¿por qué íbamos los borrachos a venirnos abajo por éste?"

Honradez

Este asunto de la honradez

La cuestión de la honradez afecta casi todos los aspectos de nuestra vida. Tenemos, por ejemplo, los diversos fenómenos, muy generalizados y asombrosos, del autoengaño. Existen esas espantosas formas inconsideradas de decir la verdad que, muy a menudo, carecen de prudencia y amor. Luego tenemos esas incontables situaciones de la vida en las que únicamente sirve la pura honradez, aunque nos veamos gravemente tentados, por el temor y la soberbia, a contentarnos con medias verdades o negativas inexcusables.

Consideremos primero lo que el autoengaño puede hacer a la integridad de una persona.

Recuerdo muy bien el consuelo que me daba la exagerada creencia en mi propia honradez. Mis familiares de Nueva Inglaterra me habían inculcado lo sagrado que eran todos los compromisos y contratos de negocios. Recalcaban que "el hombre está obligado por su palabra". Me encantaba la historia de Abraham Lincoln en la que se cuenta que un día caminó seis millas para devolver a una mujer pobre los seis centavos que le había cobrado de más en su tienda. Habiendo sido condicionado rigurosamente, siempre me resultó fácil ser honrado en los negocios. Incluso en Wall Street, donde me encontré años más tarde, nunca traté de engañar a nadie.

No obstante, este pequeño fragmento de virtud, fácilmente adquirido, produjo en mí algunos curiosos inconvenientes. Me sentía tan absurdamente orgulloso de mis principios de negocios, que nunca perdía la oportunidad de expresar mi gran desdén por aquellos compañeros de Wall Street que eran propensos a estafar a sus clientes. Esta era una postura muy arrogante, pero el autoengaño que me causaba resultó ser aún peor. Mi preciada honradez en los negocios pronto se convirtió en una cómoda pantalla tras la cual podía esconder los múltiples defectos graves que afectaban otros aspectos de mi vida. Al estar tan seguro de esta única virtud, me era fácil concluir que las tenía todas. Durante muchos años, esto me impidió mirarme a mí mismo con plena sinceridad. Éste es un ejemplo muy común de la fabulosa capacidad de autoengaño que casi todos nosotros podemos mostrar en ocasiones. Además, el engaño a otros casi siempre tiene sus raíces en nuestro propio engaño.

Para ilustrar esto más ampliamente, me vienen a la mente otros dos casos extremos. Uno nos muestra el autoengaño en una forma muy obvia: es decir, obvia para todos menos para la víctima. El otro nos presenta una forma de autoengaño más sutil, de la que ningún ser humano se puede ver completamente libre.

Un buen amigo mío que había sido ladrón de cajas de caudales, me contó la siguiente historia reveladora: "Mira, Bill, yo solía creer que estaba haciendo mi propia revolución personal en contra de la sociedad. Podía imaginarme a todos los pobres del mundo despojando a los ricos. Esto parecía ser muy razonable. Después de todo, esos malditos ricos no querían compartir su riqueza. Las revoluciones que los despojaban de sus fortunas merecían, sin duda, un gran aplauso. Pero los tipos como yo, que también hacían que esos ricos compartieran su fortuna, no recibíamos tantos elogios. Con el tiempo caí en la cuenta de que la verdad era que a nadie le gustaban los ladrones. Revoluciones sí, pero ladrones no. Pero a fin de cuentas, yo no podía ver nada malo en robar cajas de caudales, excepto que me pillaran.

Incluso, después de varios años en la cárcel, seguía sin poder verlo. Cuando AA apareció en mi vida, gradualmente se me empezó a meter en la cabeza que había buenas y malas revoluciones. Poco a poco me di cuenta de cómo me había engañado a mí mismo. Tenía que haber estado bastante loco. No puedo explicarme de otra manera lo imbécil que fui".

También tengo otro amigo de AA, un alma de Dios. Hace poco tiempo, ingresó en una orden religiosa, en la que los frailes dedican muchas horas del día a la contemplación. Por lo tanto, mi amigo dispone de mucho tiempo para hacer su inventario. Cuanto más se examina, más autoengaño inconsciente encuentra, y más asombrado se siente por el intrincado e ingenioso mecanismo de fabricar excusas mediante el cual se había estado justificando a sí mismo. Ya ha llegado a la conclusión de que la soberbia rectitud de la "gente buena" suele ser tan destructiva como las notorias faltas de los supuestos pecadores. Por ello, cada día vuelve la mirada a su interior y luego la alza hacia Dios, para saber mejor dónde se encuentra en relación con la honradez. De todas sus meditaciones siempre surge una certeza absoluta, y es que todavía le queda mucho camino por recorrer.

Precisamente cuándo y cómo decimos la verdad —o nos quedamos callados— puede revelar la diferencia entre la auténtica integridad y la total falta de la misma. El Noveno Paso del programa de AA enfáticamente nos advierte de no hacer mal uso de la verdad cuando dice: "Reparamos directamente a cuantos nos fue posible el daño causado, excepto cuando el hacerlo implicaba perjuicio para ellos o para otros." Ya que recalca el hecho de que la verdad se puede utilizar tanto para dañar como para sanar, este valioso principio se puede aplicar ampliamente al asunto de desarrollar la integridad.

Por ejemplo, en AA hablamos mucho sobre nuestros demás compañeros. Siempre que tengamos verdaderamente buenos motivos, esto no tiene nada de malo. Pero el chismorreo dañino es algo muy diferente. Aunque estas habladurías puedan estar basadas en hechos ciertos, un abuso tal de los hechos, por muchas vueltas que le demos, nunca llegará a parecerse a la integridad. No se puede pretender que este tipo de honradez superficial pueda hacerle nin-

gún bien a nadie. Así que reconocemos la apre-
miante necesidad de examinarnos a nosotros
mismos. Después de un atracón de chismorreo,
nos vendría bien hacernos las siguientes preguntas: "¿Por qué dijimos lo que dijimos? ¿Era
nuestra única intención ser serviciales e infor-
mativos? O, ¿quizás estábamos tratando de sentirnos superiores, confesando los pecados de
nuestro compañero? O, por temor o antipatía,
¿no estábamos intentando hacerle daño?" Esto
sería un intento sincero de examinarnos a nosotros mismos, y no al otro compañero. Aquí
vemos la diferencia entre el buen uso y el mal
uso de la verdad. Así es cómo empezamos a recobrar la integridad que habíamos perdido.

No obstante, en ocasiones, nuestros verdaderos motivos no son tan fáciles de de-
terminar. A veces, por ejemplo, nos creemos
obligados a revelar algunos hechos muy perju-
diciales para así poner fin a los abusos cometi-
dos por ciertos malhechores. Nuestro grito de
guerra ahora: "Todo es por el bien de AA", o

algo similar. Armados de esta justificación, generalmente falsa, y convencidos de nuestra rectitud, nos lanzamos al ataque. Puede ser cierto que haya una auténtica necesidad de remediar una situación perjudicial. Puede ser cierto que tengamos que valernos de algunos hechos desagradables. Pero lo decisivo del asunto será cómo nos comportemos. Es imperativo que estemos seguros de no ser como aquellos que ven la paja en el ojo ajeno, sin ver la viga en el propio. Por lo tanto, es conveniente hacernos las siguientes preguntas: "¿Tenemos una clara comprensión de la gente involucrada en esta situación? ¿Estamos seguros de habernos enterado de *todos* los hechos? ¿Es realmente necesaria alguna crítica o intervención de nuestra parte? ¿Podemos decir con toda seguridad que no estamos asustados o enojados?" Únicamente después de someternos a un examen así, podemos confiar en que estamos actuando con el cuidadoso criterio y con el espíritu de amor que siempre serán necesarios para mantener nuestra propia integridad.

Ahora pasemos a considerar otro aspecto de la cuestión de la honradez. Es muy posible que aprovechemos la pretendida falta de honradez de otra gente, utilizándola como una excusa plausible para no cumplir con nuestras propias obligaciones. Recuerdo haberlo hecho yo mismo en una época. Algunos amigos, fuertemente predispuestos contra el asunto, me habían exhortado a que no volviera jamás a trabajar en Wall Street. Estaban convencidos de que el materialismo y la duplicidad desenfrenados del distrito financiero obstaculizarían mi desarrollo espiritual. Como me sonaba tan noble su exhortación, me mantenía alejado del único trabajo que yo conocía.

Por fin, al ver nuestra economía doméstica en quiebra total, súbitamente caí en la cuenta de que yo no había querido enfrentarme con la perspectiva de volver a trabajar. Así que reanudé mi trabajo en Wall Street. Y desde entonces, me he sentido muy contento de haberlo hecho. Tenía que volver a descubrir que hay mucha gente buena que trabaja en el distrito financiero de Nueva York. Además, me era necesario tener la experiencia de mantenerme sobrio en el mismo entorno en que el alcohol me había derrotado. De hecho, recibí todos esos beneficios, y muchos más. Hubo en realidad un dividendo colosal que me vino como consecuencia directa de la decisión que tomé a regañadientes de volver a entrar en el mercado financiero. Durante un viaje de negocios relacionado con mi trabajo de Wall Street, que hice en Akron, Ohio, en 1935, conocí por primera vez al Dr. Bob, el futuro cofundador de AA. Así que el nacimiento de AA dependió del hecho de que me estuviera esforzando por cumplir con mi responsabilidad de ganarme el pan.

Ahora tenemos que dejar el fascinante tema del autoengaño y considerar algunas de aquellas situaciones difíciles de la vida a las que tenemos que enfrentarnos honrada y directamente. Supongamos que se nos da un formulario para solicitar un empleo en el que figura la pregunta: "¿Ha sufrido de alcoholismo y ha estado hospitalizado en alguna ocasión?" A esto, los AA podemos dar, sin duda, una respuesta sincera. Casi todos creemos que nada que no sea la pura verdad servirá en tales situaciones. La mayoría de los empleadores sienten respeto hacia nuestra Comunidad y les gusta este tipo de franqueza, especialmente cuando revelamos nuestra pertenencia a AA y los resultados de ser miembros de la Comunidad. Por supuesto, hay otros muchos problemas de la vida que nos piden esta misma franqueza. Por lo general, las situaciones que requieren una total honradez son muy claras y fácilmente reconocibles. Simplemente, tenemos que enfrentarnos a ellas, a pesar de nuestro temor o soberbia. Si no lo hacemos, sin duda sufriremos los conflictos cada vez más intensos que sólo se pueden resolver por medio de la simple honradez.

No obstante, hay ciertas ocasiones en las

que decir la verdad de forma inconsiderada puede causar grandes estragos y un daño permanente a otras personas. Siempre que parezca que pueda suceder esto, es probable que nos encontremos en un gran aprieto. Nos sentiremos desgarrados por dos tentaciones. Si la conciencia nos atormenta lo suficiente, puede que abandonemos toda prudencia y amor. Puede que tratemos de comprar nuestra libertad diciendo la cruda verdad, caiga quien caiga. Pero ésta no es la tentación común y corriente. Es mucho más probable que viremos hacia el otro extremo. Nos pintaremos un cuadro muy poco realista del tremendo daño que vamos a causar a otros. Al pretender sentir una gran compasión y amor hacia nuestras supuestas víctimas, nos estamos preparando para decir la Gran Mentira —y sentirnos completamente contentos de hacerlo—.

Cuando la vida nos presenta un conflicto tan atormentador, no se nos puede culpar por sentirnos confundidos. De hecho, nuestra primera responsabilidad es admitir que estamos confundidos. Puede que tengamos que confesar que, por el momento, hemos perdido la capacidad de distinguir entre el bien y el mal. También será muy difícil admitir que no podemos estar seguros de recibir la orientación de Dios, porque nuestras oraciones están repletas de fantasías. Con toda seguridad este es el momento en que debemos pedir el consejo de nuestros mejores amigos. No hay otro sitio adonde recurrir.

Si no hubiera tenido la suerte de contar con consejeros tan sabios y cariñosos, me habría vuelto loco hace mucho tiempo. Una vez un médico me salvó de morir de alcoholismo porque me obligó a encarar lo mortal que es esta enfermedad. Más tarde, otro médico, un psiquiatra, me hizo posible mantener la cordura ayudándome a desenterrar algunos de mis defectos profundamente escondidos. De un clérigo, obtuve los principios verdaderos según los cuales nosotros los AA tratamos de vivir ahora. Pero estos preciados amigos me ofrecieron mucho más que sus talentos profesionales. Supe que podía acudir a ellos con cualquier problema que se me presentara. Con sólo pedirlas, su sabiduría y su integridad estaban a mi entera disposición. He tenido una relación exactamente igual con muchos de mis más queridos amigos de AA. Muy a menudo, por el mero hecho de ser miembros de AA, me podían ayudar en asuntos en los que otros no podían.

Naturalmente, no podemos depender enteramente de nuestros amigos para resolver todas nuestras dificultades. Un buen consejero nunca va a pensar por nosotros. Sabe que la decisión final debe ser nuestra. Por lo tanto, nos ayudará a eliminar el miedo, la comodidad y el autoengaño, y así nos hará posible tomar decisiones que sean amorosas, sabias y honradas.

La elección de un amigo de este tipo es una cuestión de la más alta importancia. Debemos buscar una persona profundamente comprensiva y luego escuchar atentamente lo que tenga que decir. Además, debemos estar seguros de que nuestro futuro consejero vaya a tratar nuestra comunicación de manera estrictamente confidencial. Si es un médico, un clérigo o un abogado, lo podemos dar por seguro. Pero al consultar con un amigo de AA, no debemos vacilar en recordarle la necesidad de guardar nuestras palabras en secreto. Por lo general, entre los AA la comunicación íntima es tan espontánea y tan fácil que es posible que un consejero de AA se olvide que hay ocasiones en que esperamos que permanezca callado. Nunca se debe violar el carácter sagrado de esta relación humana, tan necesaria para nuestra recuperación.

Estas comunicaciones privadas son de un valor inapreciable. En ellas encontramos la oportunidad ideal de ser todo lo honrados que podemos. No tenemos que considerar la posibilidad de causar daño a otra gente, ni temer a la burla o la condena. Además, tenemos la mayor probabilidad de descubrir el autoengaño.

Si nos estamos engañando a nosotros mismos, un consejero competente puede verlo rápidamente. A medida que nos ayuda a salir de nuestras fantasías, nos sorprende descubrir que cada vez sentimos menos la acostumbrada ansia de defendernos de las verdades desagradables. No hay mejor forma de hacer desaparecer el miedo, la soberbia y la ignorancia. Al cabo de un tiempo, nos damos cuenta de que tenemos una base nueva y sólida para nuestra integridad.

Por lo tanto, perseveremos en nuestros esfuerzos para descubrir el autoengaño en todas sus formas. Tengamos cuidado de siempre templar la honradez con la prudencia y el amor. Y nunca vacilemos en actuar con total honradez siempre que se requiera hacerlo.

Los AA conocemos muy bien cómo la verdad nos hace libres. Corta las cadenas de nuestra esclavitud del alcohol. Continúa liberándonos de incontables conflictos y penas; destierra el miedo y la soledad. La unidad de nuestra Comunidad, el amor que abrigamos los unos por los otros, el respeto que el mundo nos tiene —todos ellos son los frutos de la integridad que, ante Dios, hemos tenido el privilegio de adquirir—. Por lo tanto, apresurémonos a buscar una honradez cada vez más auténtica, y profundicemos en su práctica en todos nuestros asuntos.

Humildad

La humildad para hoy

∽⎨⎬∾

Para nosotros, los seres humanos, la humildad absoluta es imposible. Lo mejor que podemos esperar es apenas vislumbrar el significado y el esplendor de este perfecto ideal. Como dice nuestro libro Alcohólicos Anónimos: "No somos santos... lo que pretendemos es el progreso espiritual, no la perfección espiritual". Sólo Dios puede manifestarse en lo absoluto; los seres humanos tenemos que vivir y desarrollarnos en el ámbito de lo relativo. Aspiramos a conseguir la humildad para hoy.

Por lo tanto, nuestra pregunta es la siguiente: "¿Qué queremos decir exactamente con 'humildad para hoy', y cómo sabemos que la hemos encontrado?"

Nadie tiene que recordarnos que la culpabilidad o la rebeldía excesivas conducen a la pobreza espiritual. Pero tardamos mucho en darnos cuenta de que el orgullo espiritual nos podría empobrecer aún más. Al vislumbrar por primera vez lo espiritualmente orgullosos que podíamos ser, los pioneros de AA acuñamos esta expresión: "¡No trates de ser perfecto para el jueves!" Esta vieja amonestación puede parecer una más de aquellas coartadas convenientes que sirven para dispensarnos de hacer el mejor esfuerzo posible. Pero una mirada más detenida nos revela justamente lo contrario. Esta es la forma en que los AA nos advierten del peligro de la ceguera del orgullo, y de las perfecciones imaginarias que no poseemos.

Ahora que ya no frecuentamos más los bares y los burdeles, y que llevamos a casa nuestra paga; ahora que participamos activamente en AA, y que la gente nos felicita por este progreso —naturalmente, empezamos a felicitarnos a nosotros mismos—. Pero puede que todavía nos encontremos muy lejos de la humildad.

Muy a menudo, aunque mis intenciones eran buenas, he actuado mal, diciendo o pensando: "Yo tengo razón y tú no la tienes"; "Mi plan es correcto, el tuyo equivocado"; "Gracias a Dios que tus pecados no son los míos"; "Estás perjudicando a AA y te voy a parar en seco"; "Cuento con la orientación de Dios, así que Dios está de mi lado". Y un sinfín de cosas similares.

Lo alarmante de la ceguera del orgullo es la facilidad con la que se puede justificar. Pero no tenemos que buscar muy lejos para encontrar evidencia de que esta engañosa clase de autojustificación es lo que universalmente destruye la armonía y el amor. Es lo que enemista a una persona con su semejante, a una nación contra la otra. Valiéndonos de la autojustificación, podemos hacer que toda clase de locura y violencia parezca buena e incluso respetable. Huelga decir que no nos corresponde a nosotros condenar. Lo único que tenemos que hacer es examinarnos a nosotros mismos.

Entonces, ¿qué podemos hacer para reducir cada vez más nuestra culpabilidad, nuestra rebeldía y soberbia?

Al hacer mi inventario de estos defectos, suelo hacerme una imagen y contarme una historia. Mi imagen es la de un Camino hacia la Humildad, y mi historia es una alegoría. Por un lado de mi camino, veo una gran ciénaga. Al borde del camino hay unos humedales poco profundos y luego el nivel desciende hacia un fangoso pantano de culpabilidad y rebeldía donde, a menudo, me he encontrado hundiéndome. Allí, la autodestrucción tiende su emboscada, y lo sé. Pero al otro lado del camino, el paisaje parece tener un bello aspecto. Veo un bosque con claros encantadores y, más allá, altas montañas. Las numerosas sendas que conducen a este atractivo país parecen seguras. Creo que será fácil volver a encontrar mi camino.

Junto con varios amigos, decido desviarme un rato del camino. Escogemos nuestra senda y, alegremente, nos lanzamos a recorrerla. Al poco tiempo, alguien dice con gran entusiasmo: "Tal vez en la cima de aquella montaña encontraremos oro". Luego, para nuestro asombro, encontramos el oro —no en forma de pepitas en los torrentes, sino auténticas monedas de oro—. En una cara de cada moneda dice: "Oro puro de 24 quilates". Pensamos que seguramente hemos encontrado la recompensa por nuestro laborioso y paciente andar por el eternamente iluminado camino.

Sin embargo, al poco tiempo, al leer las palabras grabadas en la otra cara, empezamos a tener presentimientos extraños. Algunas llevan inscripciones muy atractivas. Dicen: "Soy el Poder", "Soy la Fama", "Soy la Riqueza", "Soy la Rectitud". Pero otras nos parecen bastante curiosas. Por ejemplo: "Soy la Raza Dominante", "Soy el Benefactor", "Soy la Buena Causa", "Soy Dios". Todo esto nos parece enigmático. No obstante, nos las metemos en los bolsillos. Pero luego, al leer otras más, sentimos el choque. Dicen: "Soy la Soberbia", "Soy la Venganza", "Soy la Desunión", "Soy el Caos". Y entonces, en una de estas monedas —en una sola— vemos grabado: "Soy el mismo Diablo". Algunos de nosotros, horrorizados, decimos a gritos: "¡Este oro y este paraíso no son sino pérfidas ilusiones —vámonos de aquí—!"

Pero muchos no quisieron regresar con nosotros. Nos dijeron: "Quedémonos aquí. Podemos escoger entre estas malditas monedas y seleccionar únicamente aquellas que lleven las inscripciones propicias. Por ejemplo, las que dicen 'Poder', 'Gloria' y 'Rectitud'. Se arrepentirán de haberse ido". No es de extrañar que este grupo de compañeros tardara muchos años en volver al camino.

Nos contaron la historia de aquellos que habían jurado no regresar jamás, los que habían dicho: "estas monedas son de oro genuino, y no traten de convencernos de que no lo son. Vamos a acumular tanto como podamos. Claro que no nos gustan esas tontas inscripciones. Pero aquí hay mucha leña seca.

Podemos montar una fundición y convertir las monedas en lingotes de oro". Y luego, nuestros compañeros, los últimos en volver, añadieron: "Así fue cómo el oro de la Soberbia se apoderó de nuestros hermanos. Cuando nos íbamos, ya estaban peleando por sus lingotes. Algunos estaban heridos y unos cuantos, muriendo. Habían empezado a destruirse unos a otros".

Este cuento alegórico me enseña claramente que puedo lograr la "humildad para hoy" únicamente en la medida en que evite la ciénaga de la culpabilidad y la rebeldía, y esa hermosa pero engañosa tierra donde se hallan desparramadas las monedas de la soberbia. De esta manera, puedo encontrar y seguir andando por el Camino de la Humildad que se extiende entre una y otra. Por lo tanto, siempre es apropiado hacer un inventario que me pueda indicar que me he desviado del camino.

Naturalmente, es muy probable que nuestros primeros intentos de hacer un inventario de este tipo resulten *poco realistas*. Yo era el campeón del autoanálisis poco realista. Sólo quería considerar esos aspectos de mi vida que me parecían buenos y, luego, exageraba las virtudes que creía haber logrado y me felicitaba por el magnífico trabajo que estaba haciendo. De este modo, este autoengaño inconsciente siempre servía para convertir mis pocos logros en graves impedimentos. Este fascinante proceso siempre era muy agradable, y generaba en mí una tremenda avidez de mayores "logros" y más aplausos. Estaba recayendo en las viejas costumbres de mis días de bebedor. Tenía las mismas metas de antaño: el poder, la fama y los aplausos. Además, podía valerme de la mejor excusa que se conoce —la excusa espiritual—. Ya que tenía un verdadero objetivo espiritual, estas sandeces siempre me parecían apropiadas. No podía distinguir una moneda genuina de una falsa; y así iba en el plano espiritual, acumulando lingotes de oro ficticio. Siempre me arrepentiré de los daños que le causé a la gente que me rodeaba. Todavía me estremezco al darme cuenta de lo que podría haberle hecho a AA y a su futuro.

En aquel entonces, no me preocupaba mucho por esos aspectos de mi vida en los que me encontraba estancado. Siempre tenía la excusa: "Tengo otras cosas mucho más importantes a las que dedicarme". Con esto tenía la receta casi ideal para la comodidad y la autosatisfacción.

Pero en ocasiones, me veía simplemente obligado a considerar ciertas situaciones en las que, a primera vista, me estaba yendo muy mal. Enseguida surgía en mí una vehemente rebeldía y me lanzaba a una frenética búsqueda de excusas. "Estos", me decía, "son los pecadillos de un hombre recto". Cuando este artilugio predilecto ya no me sirvió más, me decía: "Si esa gente me tratara bien, no tendría que comportarme así". Y luego: "Dios sabe que sufro de *tremendas obsesiones*. A ésta no la puedo superar. Por lo tanto, él tendrá que liberarme". Finalmente llegó la hora en que clamé: "Esto nunca lo haré, *ni siquiera intentaré hacerlo*".

Naturalmente, mis conflictos seguían intensificándose porque había acumulado un montón de excusas y negativas.

Cuando estas dificultades finalmente me dejaban agotado, todavía me quedaba otra escapatoria. Me sumía en la ciénaga de la culpabilidad. Allí la soberbia y la rebeldía cedían paso a la depresión. Aunque había numerosas variaciones, mi tema principal era, "¡Qué mala persona soy!" Así como la soberbia me había hecho magnificar mis humildes logros, la culpabilidad me hacía exagerar mis defectos. Iba corriendo de un lado a otro, confesándolo todo (y mucho más) a quien me escuchara. Por extraño que parezca, creía que, al actuar así, estaba manifestando una gran humildad, que consideraba como mi única y última virtud y consolación.

Al pasar por estos arranques de culpabilidad, nunca sentía la menor lástima por los daños que había causado, ni tenía ninguna intención auténtica de hacer las enmiendas que pudiera. Nunca se me ocurrió la idea de pedirle a Dios que me perdonara, y aun menos, de perdonarme a mí mismo. Huelga decir que mi principal defecto —la soberbia y arrogancia espirituales— no era sometido a ningún análisis. Yo había tapado la luz que me hubiera permitido verlo.

Hoy, creo que puedo percibir una clara conexión entre mi culpabilidad y mi soberbia. Ambas me servían para llamar la atención. En mi soberbia podía decir: "¡Mira lo magnífico que soy!" Sumido en la culpabilidad, gemía: "Soy un hombre horrible". Por lo tanto, la culpabilidad no es sino la otra cara de la moneda de la soberbia. La culpabilidad nos encamina a la autodestrucción, y la soberbia está encaminada a la destrucción de otra gente.

Ésta es la razón por la que considero la humildad para hoy como una postura intermedia segura, entre estos violentos extremos emocionales. Es un lugar tranquilo, donde puedo mantener suficiente equilibrio y una perspectiva sufi-

cientemente amplia como para dar el próximo
corto paso en el camino, claramente señalizado,
que nos lleva a los valores eternos.

Hay muchos que han conocido trastornos emocionales más grandes que los míos. Y otros, menores. Pero todos nosotros los tenemos de vez en cuando. No creo que debamos lamentar estos conflictos. Parecen ser un ingrediente indispensable en el proceso de lograr la madurez, tanto emocional como espiritual. Constituyen la materia primordial con la que forjamos una parte sustancial de nuestro progreso.

Puede que alguien nos pregunte si AA no es más que un tumultuoso abismo de dolores y conflictos. La respuesta es: "No, en absoluto". En gran medida, los AA hemos encontrado la paz. Aunque lentamente y a tropiezos, hemos logrado adquirir una humildad cada vez más grande, cuyos dividendos han sido la serenidad y la auténtica alegría. No nos desviamos tanto, ni por tanto tiempo, del camino como antes.

Al comienzo de esta meditación, nos parecía que los ideales absolutos estaban fuera de nuestro alcance, e incluso que sobrepasaban los límites de nuestra comprensión; y que estaríamos, para nuestra desgracia, muy faltos de humildad si creyéramos que, en el corto plazo de nuestra vida terrenal, pudiéramos lograr algo que se parezca siquiera a la perfección espiritual. Tal presunción sería el colmo de la soberbia espiritual.

Mucha gente que razona así no quiere tener nada que ver con los valores espirituales absolutos. Dicen que los perfeccionistas, o bien rebosan de vanidad porque creen haber alcanzado algún objetivo imposible, o se hunden en el desprecio de sí mismos por no haberlo alcanzado.

Sin embargo, no creo que debamos pensar así. El que abusemos de los grandes ideales de vez en cuando, convirtiéndolos en pretextos superficiales para la culpabilidad, la rebeldía y la soberbia, no es culpa de los ideales en sí. Al contrario, pocos son los progresos que podemos hacer mientras no intentamos saber cuáles son los valores espirituales eternos. Según dice el Undécimo Paso del programa de recuperación de AA: "Buscamos a través de la oración y la meditación mejorar nuestro contacto consciente con Dios, como nosotros lo concebimos, pidiéndole solamente que nos dejase conocer su voluntad para con nosotros y nos diese la fortaleza para cumplirla". Esto significa, sin duda, que debemos ver en la perfección divina una guía, y no una meta que nos sea posible alcanzar en un futuro previsible.

Por ejemplo, estoy convencido de que debo tratar de formular la mejor definición de la humildad que yo pueda imaginar. Esta definición no tiene que ser consumadamente perfecta —sólo se me pide que lo intente—. Imaginemos que elija la siguiente: "La humildad perfecta sería un estado de total liberación de mí mismo, una liberación de todas las pesadas exigencias que ahora me imponen mis defectos de carácter. La humildad perfecta sería una plena disposición, a toda hora y en todo lugar, a conocer y hacer la voluntad de Dios".

Al meditar sobre esta visión, no debo sentirme descorazonado ante la certeza de que nunca la alcanzaré, ni debo hincharme con la presunción de que algún día poseeré todas sus virtudes.

Lo único que debo hacer es contemplar esta imagen, y dejarla seguir creciendo y llenándome el corazón. Al haberlo hecho, puedo comparar el resultado con el de mi último inventario. De esta manera puedo formarme una idea sana y cuerda de dónde me encuentro en el Camino de la Humildad. Veo que apenas he comenzado mi viaje hacia Dios. Al verme reducido así a mi justo tamaño y proporción, mi vanidad y engreída preocupación por mí mismo me parecen cosas de risa. Va creciendo la seguridad de que tengo un lugar en este camino; de que puedo seguir avanzando con una tranquilidad y confianza cada vez más profundas. Vuelvo a ver que Dios es bueno; a saber que no he de temer a ningún mal. Éste es un gran don, esta certeza de que tengo un destino.

Según voy contemplando la perfección divina, me espera otro alegre hallazgo. De niño, al escuchar por primera vez una obra sinfónica, me sentí arrobado, transportado por sus indescriptibles armonías, aunque no tenía la menor idea de cómo ni de dónde venían. Hoy día, al escuchar la música sublime de las esferas celestes, vuelvo a oír aquellos acordes divinos que me recuerdan que el gran compositor me ama — y que yo lo amo a él.

Amor

La próxima meta: la sobriedad emocional

∽

ENERO DE 1958

Creo que muchos de los veteranos que han puesto a dura y venturosa prueba nuestra "curación alcohólica", todavía se encuentran faltos de sobriedad emocional. Tal vez se verán en la vanguardia del próximo progreso importante en AA —el desarrollo de más madurez y equilibrio verdaderos (es decir, humildad) en nuestras relaciones con nosotros mismos, con nuestros compañeros y con Dios—.

Esos deseos adolescentes de aprobación incondicional, seguridad total y amor perfecto que tantos de nosotros tenemos —deseos completamente apropiados a la edad de diecisiete años— demuestran ser una forma de vida imposible a la edad de cuarenta y siete o cincuenta y siete años.

Desde que empezó AA, he sufrido tremendos golpes en todas estas esferas por no haber madurado emocional y espiritualmente. Dios mío, qué penoso es seguir exigiendo lo imposible y qué doloroso es descubrir, finalmente, que desde el principio habíamos puesto el carro delante del caballo. Luego nos viene la agonía final al ver lo tremendamente equivocados que habíamos estado, y lo incapaces que aún somos de escapar de ese círculo vicioso emocional.

Cómo traducir una convicción mental apropiada en un resultado emocional apropiado y, de ese modo, en una vida tranquila, feliz y buena, no es únicamente un problema de los neuróticos; es un problema que la vida misma nos presenta a todos los que hemos llegado a tener una sincera disposición a ceñirnos a los principios correctos en todos nuestros asuntos.

Aun cuando nos esforcemos en aferrarnos a los principios, puede que la paz y la alegría sigan eludiéndonos. Este es el punto al que hemos llegado tantos veteranos de AA, y es un punto literalmente infernal. ¿Cómo se puede armonizar nuestro inconsciente —de donde surgen todavía tantos de nuestros temores, obsesiones, y falsas aspiraciones— con lo que realmente creemos, sabemos y queremos? Nuestra principal tarea es cómo convencer a nuestro mudo, rabioso y oculto "Sr. Hyde".

Recientemente he llegado a creer que esto se puede conseguir. Lo creo así porque he visto a muchas personas, como tú y yo, que anduvimos tanto tiempo perdidos en las tinieblas, empezar a obtener resultados. El otoño pasado, la depresión, sin tener ninguna causa racional, casi me llevó a la ruina. Empecé a temer que me esperara otro largo período crónico. Teniendo en cuenta las angustias que he pasado con las depresiones, no era una perspectiva muy prometedora.

Me preguntaba una y otra vez: "¿Por qué los Doce Pasos no sirven para librarme de la depresión?" Hora tras hora, tenía la mirada fija en la Oración de San Francisco... "Es mejor consolar que ser consolado". Aquí tenía la fórmula. Pero, ¿Por qué no funcionaba?

De repente, me di cuenta de cuál era el problema. Mi defecto principal y característico siempre había sido la dependencia —una dependencia casi absoluta— de que la gente o las circunstancias me proporcionaran prestigio, seguridad y cosas similares. Al no conseguir estas cosas tal y como las quería según mis sueños perfeccionistas, yo había luchado por tenerlas. Y cuando llegó la derrota, me sobrevino la depresión.

No tenía la menor posibilidad de convertir el amor altruista de San Francisco en una manera de vivir alegre y factible hasta que no se extirparan esas dependencias fatales y casi absolutas.

Ya que en los años pasados había hecho algunos pequeños progresos en el plano espiritual, se me reveló, como nunca antes, lo *absolutas* que eran estas espantosas dependencias. Reforzado por la gracia que podía encontrar en la oración, me encontré obligado a valerme de toda la voluntad y fuerza de que disponía para extirpar esas defectuosas dependencias emocionales de otra gente, de AA —para decir verdad, de cualquier circunstancia—. Únicamente al lograrlo, sería libre de amar como Francisco de Asís. Llegué a darme cuenta de que las satisfacciones emocionales e instintivas nos vienen como dividendos de sentir amor, ofrecer amor, y expresar un amor apropiado para cada relación de nuestra vida.

Claro estaba que no podría aprovechar el amor de Dios mientras no pudiera devolvérselo a él, amando al prójimo como él quería que yo hiciera. Y esto no lo podría hacer mientras siguiera siendo víctima de falsas dependencias.

Porque mi dependencia significaba exigencia —una exigencia de posesión y control de la gente y de las condiciones que me rodeaban—.

Aunque te parezca ser una especie de artilugio, esta expresión —"dependencia absoluta"— fue lo que desencadenó mi liberación y me hizo posible lograr la estabilidad y tranquilidad que tengo ahora, cualidades que sigo intentando consolidar, ofreciendo amor a otros, sin exigir nada a cambio.

Este parece ser el ciclo primordial de la reconciliación: un amor efusivo hacia la creación de Dios y sus criaturas, nuestros semejantes, mediante el cual podemos acceder al amor de Dios para con nosotros. Se puede ver con suma claridad que la verdadera corriente no puede fluir hasta que no se rompan nuestras dependencias paralizadoras —hasta que no se rompan a fondo—. Solamente entonces, nos será posible tener siquiera un pequeño atisbo de lo que es realmente el amor adulto.

¿Me dices que se trata de una especie de cálculo espiritual? En lo absoluto. Observa a cualquier AA con seis meses de sobriedad mientras trabaja con un nuevo caso de Paso Doce. Si el candidato le dice: "Vete al diablo", no hace más que sonreír y ponerse a trabajar con otro. No se siente frustrado ni rechazado. Y si el próximo casi tiene éxito y esta persona se pone a dar amor y atención a otros alcohólicos, sin darle nada a él, el padrino, no obstante, está contento. Tampoco se siente frustrado, sino que se alegra que su antiguo candidato esté sobrio y feliz. Y si resulta que el siguiente caso se convierte en su más íntimo amigo (o en su amor), entonces el padrino siente el mayor regocijo. Pero se da perfecta cuenta de que su felicidad es un subproducto —el dividendo de dar sin exigir nada a cambio—.

Para el padrino, el factor más estabilizador ha sido sentir amor y ofrecerlo a ese borracho desconocido con quien se tropezó. Así era el trabajo de San Francisco, eficaz y práctico, sin dependencia y sin exigencias.

Durante los primeros seis meses de mi propia sobriedad, me dedicaba diligentemente a trabajar con muchos alcohólicos. Ninguno de ellos respondió. Sin embargo, ese trabajo sirvió para mantenerme sobrio. No se trataba de que esos alcohólicos me dieran nada. La estabilidad que logré se originó en mis esfuerzos por dar, no en mis exigencias de recibir.

Creo que podemos tener resultados parecidos con la sobriedad emocional. Si analizamos cada inquietud que sentimos, grande o pequeña, encontraremos que su raíz está en alguna dependencia malsana y en la exigencia malsana derivada de dicha dependencia. Abandonemos de forma continua, con la gracia de Dios, estas exigencias que nos atan. Entonces nos veremos libres para vivir y amar; entonces, nos será posible hacer el trabajo de Paso Doce, con nosotros mismos y con otra gente, para lograr la sobriedad emocional. Huelga decir que no te he propuesto ninguna idea realmente nueva —solamente un truco que me ha servido para librarme, a fondo, de mis propios "maleficios"—. Hoy día, mi cerebro no anda acelerado compulsivamente entre la euforia, la grandiosidad o la depresión. He encontrado un lugar sereno bañado por la luz del sol.

Anonimato

Por qué Alcohólicos Anónimos es anónimo

∽◦∾

ENERO DE 1955

Hoy día, como nunca hasta ahora, la lucha por el poder, la influencia y la riqueza está desgarrando la civilización. Hombre contra hombre, familia contra familia, nación contra nación.

Casi todos los involucrados en esta competencia salvaje mantienen que su objetivo es la paz y la justicia, para ellos mismos, para sus vecinos y para sus países: dennos poder y tendremos justicia; dennos fama y daremos un ejemplo admirable; dennos dinero y estaremos cómodos y felices. En todas partes del mundo, hay multitud de gente que lo cree, y que se comporta consecuentemente. Con esta borrachera seca, la sociedad parece irse tambaleando por un callejón sin salida. Se ve claramente la señal de aviso. Dice: "Desastre".

¿Qué tiene que ver todo esto con el anonimato y con Alcohólicos Anónimos?

Nosotros los AA ya debemos saberlo. Casi todos hemos andado por ese callejón sin salida. Impulsados por el alcohol y la autojustificación, muchos de nosotros hemos perseguido los fantasmas de la vanidad y la riqueza hasta la misma señal de desastre. Luego llegamos a AA. Dimos la vuelta y nos encontramos en otro camino, donde las señales no hacían ninguna referencia al poder, al renombre ni a la riqueza. Las nuevas señales indicaban "el camino hacia la cordura y la serenidad" —el peaje es el autosacrificio—.

Nuestro nuevo libro, Doce Pasos y Doce Tradiciones, dice que "el anonimato es la mejor protección que nuestra Comunidad pueda tener", y también que "la esencia espiritual del anonimato es el sacrificio".

Repasemos los veinte años de experiencia de AA para ver cómo llegamos a esta creencia ahora expresada en nuestras Tradiciones Once y Doce.

Primero, sacrificamos el alcohol. Tuvimos que hacerlo; si no, nos habría matado. Pero no podíamos deshacernos del alcohol mientras no hiciéramos otros sacrificios. Teníamos que renunciar a la petulancia y al razonamiento farsante. Teníamos que echar por la borda la autojustificación, la autoconmiseración y la ira. Teníamos que abandonar el alocado concurso por ganar prestigio personal y grandes cantidades de dinero. Teníamos que asumir personalmente la responsabilidad de nuestra lamentable situación y dejar de culpar a otros por ella.

¿Eran estas acciones sacrificios? Sí, lo eran. Para ganar la suficiente humildad y dignidad como para sobrevivir, tuvimos que abandonar lo que había sido nuestra más querida posesión: nuestras ambiciones y nuestra vanidad.

Pero aun no bastaba con esto. El sacrificio tenía que ir aun más lejos. Era necesario que otra gente también se beneficiara. Así que hicimos algunos trabajos de Paso Doce; comenzamos a llevar el mensaje de AA. Sacrificamos tiempo, energía y nuestro propio dinero para hacerlo. No podríamos mantener lo que teníamos a menos que se lo entregáramos a otros.

¿Les exigíamos a nuestros posibles miembros que nos devolvieran algo? ¿Les pedíamos que nos dieran poder sobre sus vidas, renombre por nuestras buenas obras, o un centavo de su dinero? No. Llegamos a darnos cuenta de que, si exigíamos cualquiera de estas cosas, nuestro trabajo de Paso Doce no surtiría efecto. Por ello, tuvimos que sacrificar estos deseos naturales; si no lo hacíamos, aquellos con quienes trabajábamos recibían poca o ninguna sobriedad, al igual que nosotros.

Así nos dimos cuenta de que el sacrificio tenía que producir un beneficio doble, o de lo contrario produciría muy poco. Empezamos a conocer la forma de dar de nosotros mismos que no tiene precio.

Poco tiempo después de formarse nuestro primer grupo de AA, aprendimos mucho más sobre esto. Descubrimos que cada uno de nosotros tenía que estar dispuesto a hacer sacrificios por el bien del grupo, para nuestro bienestar común. El grupo, a su vez, descubrió que tenía que renunciar a muchos de sus propios derechos para la protección y bienestar de cada miembro, y por AA en su totalidad. Si no se hicieran estos sacrificios, AA no podría sobrevivir.

De esta experiencia y conciencia, comenzaron a tomar forma las Doce Tradiciones de Alcohólicos Anónimos.

Poco a poco, empezamos a entender que la unidad, la eficacia e incluso la supervivencia de AA, siempre dependerían de nuestra continua voluntad de sacrificar nuestros deseos y ambiciones personales por la seguridad y bienestar comunes. Así como el sacrificio significaba la supervivencia para el individuo, también significaba la supervivencia y la unidad para el grupo, y para AA en su totalidad.

Vistas bajo este aspecto, las Doce Tradiciones de AA no son más que una lista de sacrificios que la experiencia de veinte años nos ha enseñado que debemos hacer, individual y colectivamente, para asegurar que AA sobreviva con buena salud.

Con nuestras Doce Tradiciones, nos hemos opuesto a casi toda tendencia del mundo exterior.

Hemos renunciado a un gobierno personal, al profesionalismo y al derecho de decidir quiénes pueden ser nuestros miembros. Hemos renunciado a dedicarnos a hacer beneficencia, a la reforma y al paternalismo. Nos negamos a aceptar contribuciones caritativas, prefiriendo pagar nuestras propias cuentas. Estamos dispuestos a cooperar con casi todo el mundo, pero no casamos a nuestra Comunidad con nadie. Nos mantenemos alejados de las polémicas públicas y rehusamos luchar entre nosotros mismos por aquellas cosas que dividen a la sociedad: la religión, la política y la reforma. Tenemos un solo objetivo: el de llevar el mensaje de AA al alcohólico enfermo que lo desee.

Adoptamos estas actitudes no porque pretendamos tener una virtud o sabiduría especiales; hacemos estas cosas porque la dura experiencia nos ha convencido de que tenemos que hacerlas —si AA va a sobrevivir en el afligido mundo moderno—. Renunciamos a nuestros derechos y hacemos sacrificios también porque debemos hacerlo y, mejor aún, porque lo queremos hacer. AA es un poder superior a todos nosotros; tiene que sobrevivir o, de lo contrario, miles de nuestros compañeros indudablemente morirán. Esto lo sabemos.

¿Pero dónde encaja el anonimato en este cuadro? Y de todas maneras, ¿qué es el anonimato? ¿Por qué lo consideramos como la mayor protección que AA pueda tener? ¿Por qué es el anonimato el más acertado símbolo del sacrificio personal, la clave espiritual de todas nuestras Tradiciones y de nuestra manera de vivir?

Tengo la más profunda esperanza de que el siguiente fragmento de la historia de AA revele la respuesta que todos buscamos.

Hace ya años, un jugador de béisbol logró la sobriedad por medio de AA. Debido a que su vuelta a la escena fue espectacular, recibió una tremenda ovación personal de la prensa, y se atribuyó una gran parte al mérito de Alcohólicos Anónimos. Millones de aficionados al deporte lo vieron identificado, por su nombre completo y su foto, como miembro de AA. Nos beneficiamos mucho con esto: los alcohólicos vinieron en tropel. Estábamos encantados. Yo me entusiasmé especialmente porque me vinieron a la mente muchas ideas.

Al poco tiempo, estaba rodando por el país, entrevistándome pública y gustosamente con cualquiera, distribuyendo libremente fotografías mías. Con gran regocijo descubrí que, al igual que él, yo podía estar en primera plana. Más aún, él no podía mantener el ritmo de su publicidad; yo, sí. No tenía que hacer más que seguir viajando y hablando; el resto lo hacían los grupos locales de AA y los periódicos. Al releer recientemente estos antiguos reportajes, me quedé asombrado. Supongo que, durante dos o tres años, yo era el principal violador del anonimato de AA.

De ahí que no puedo criticar a ningún AA que, desde aquel entonces, haya buscado ser el centro de atención. Yo mismo, hace años, di el ejemplo principal.

En aquella época, parecía ser lo correcto. Justificándome de esta manera, me dejaba acariciar por la atención. Cuánto me estremecía al leer aquellos artículos a dos columnas acerca de "Bill, el agente de bolsa", con foto y nombre completo, el tipo que estaba salvando a los borrachos por millares.

Luego llegaron las primeras nubes que oscurecieron ese cielo tan azul. Se oía murmurar a los escépticos de AA, diciendo: "Este tipo, Bill, está acaparando la publicidad; el Dr. Bob no está recibiendo su debida parte". O, "supongamos que se le suba a la cabeza esta publicidad y se nos emborrache".

Esto me hirió. ¿Cómo podían perseguirme cuando yo estaba haciendo tanto bien? Les dije a mis críticos que estábamos en los Estados Unidos. ¿No sabían que yo tenía libertad de expresión? ¿No es cierto que este país y todos los demás son dirigidos por líderes de nombres bien conocidos? El anonimato quizás era lo indicado para el miembro medio de AA. Pero los cofundadores debían ser excepciones. El público tenía indudablemente el derecho de saber quiénes éramos nosotros.

Los que verdaderamente ambicionaban el poder en AA (los sedientos de prestigio, gente como yo) tardaron poco tiempo en caer en la cuenta: ellos también serían excepciones. Decían que el anonimato ante el público era únicamente para los tímidos; los más intrépidos y atrevidos, como ellos, debían volver la cara hacia las cámaras y darse a conocer como miembros de AA. Este tipo de valor pronto pondría fin al estigma que acompaña al alcohólico. El público se daría cuenta inmediatamente de que los alcohólicos recuperados podían convertirse en honorables ciudadanos.

Así que, cada vez, más miembros fueron rompiendo su anonimato, todos por el bien de AA. ¿Qué tenía de malo fotografiar a un borracho con el gobernador? Ambos merecían el honor, ¿no? Y así andábamos a toda carrera, por un callejón sin salida.

El siguiente episodio de nuestra historia de rupturas de anonimato tuvo un comienzo aun más prometedor. Una AA, íntima amiga mía, quería dedicarse a la educación sobre el alcoholismo. La facultad de una gran universidad, interesada en el alcoholismo, le propuso que diera conferencias al público, exponiendo que los alcohólicos eran gente enferma, y que se podía hacer mucho al respecto. Mi amiga era una buena oradora y escritora. ¿Debería decir al público que ella era miembro de AA? Pues, ¿por qué no? Al utilizar el nombre de Alcohólicos Anónimos, atraería publicidad positiva para un buen programa de educación sobre el alcoholismo, así como para Alcohólicos Anónimos. Me pareció una idea estupenda y le di mi bendición.

El nombre de AA ya había empezado a hacerse famoso y valioso. Con el apoyo de nuestro nombre y gracias a las grandes habilidades de mi amiga, el proyecto tuvo resultados inmediatos. En un abrir y cerrar de ojos, su nombre y su foto, acompañados de excelentes reportajes acerca de su proyecto educativo y sobre AA, aparecieron en casi todos los periódicos principales de América del Norte. Iba aumentando la comprensión del público acerca del alcoholismo, iba disminuyendo el estigma que se había puesto al borracho y empezaron a llegar nuevos miembros a AA. Con toda seguridad, no podía haber nada malo en ello.

Pero sí lo había. Por tener estas ventajas a corto plazo, nos estábamos exponiendo a futuros riesgos de proporciones enormes y amenazadoras.

Al poco tiempo, un miembro de AA empezó a publicar una revista, dedicada a hacer campaña a favor de la Prohibición. Creía que Alcohólicos Anónimos debía ayudar a convertir en abstemio a todo el mundo. Se identificó como miembro de AA, y hacía libre uso del nombre de AA para atacar los males de la bebida, a los que la fabricaban y a los que la tomaban. Hizo notar que él era además un "educador", y que su clase de educación era la "correcta". En cuanto a meter a Alcohólicos Anónimos en polémicas públicas, creía que eso era precisamente lo que debíamos hacer. Así que se puso resueltamente a utilizar el nombre de AA para hacerlo. Por supuesto, rompió su anonimato para ayudar a su querida causa.

A continuación, una asociación de comerciantes de licores presentó la propuesta de que un miembro de AA ocupara un puesto de "educación". Iba a decir a la gente que el alcohol en cantidades excesivas era malo para cualquier persona y que ciertas personas, los alcohólicos, no debían beberlo en absoluto. ¿Qué tendría esto de malo?

El problema estaba en que nuestro amigo

de AA tendría que romper su anonimato: cada anuncio de publicidad y toda la propaganda publicada llevaría su nombre completo y se le identificaría como miembro de AA. Esto, por supuesto, tendría que causar necesariamente al público la impresión de que AA estaba a favor de la "educación", al estilo de los comerciantes de licor.

Aunque estos dos proyectos nunca progresaron mucho, tuvieron tremendas implicaciones. Nos enseñaron claramente el riesgo. Al prestar sus servicios a una causa ajena y luego revelar al público su pertenencia a AA, un miembro podría casar a Alcohólicos Anónimos con cualquier empresa o controversia, buena o mala. Cuanto más valor tuviera el nombre de AA, mayor sería la tentación.

No tardó mucho en surgir otra evidencia. Otro miembro comenzó a meternos en el negocio de la publicidad. Había sido contratado por una compañía de seguros de vida para presentar una serie de doce "conferencias" acerca de

Alcohólicos Anónimos que iban a ser emitidas por una red nacional de radio. Esto, por supuesto, daría publicidad a los seguros de vida, así como a Alcohólicos Anónimos —y naturalmente a nuestro amigo— todo en una única y atractiva presentación.

En la sede de AA, repasamos las conferencias propuestas. Eran una mezcla casi en partes iguales de las ideas y principios de AA y de las creencias religiosas de nuestro amigo. Esto podría crear en el público una falsa imagen nuestra. Se despertarían prejuicios religiosos en contra de AA. Así que nos opusimos.

Nuestro amigo no tardó en dirigirnos una airada carta, diciendo que se sentía "inspirado" para dar estas conferencias, y que no teníamos derecho ni razón de interferir en su libertad de expresión. Aunque le iban a pagar por su trabajo, lo único que tenía en mente era el bienestar de AA. Y si nosotros no sabíamos lo que podría beneficiarnos, mala suerte. Nosotros y la junta de custodios podríamos irnos directamente al diablo. Las conferencias iban a ser emitidas.

Esto nos presentó un dilema. Con sólo romper su anonimato y aprovechar el nombre de AA para su propio beneficio, nuestro amigo podría apoderarse de nuestras relaciones públicas, involucrarnos en cuestiones religiosas, meternos en el negocio de la publicidad y, por hacer todas esas buenas obras, la compañía de seguros le compensaría con unos honorarios sustanciales.

¿Significaba esto que cualquier miembro desencaminado podría poner a nuestra Comunidad en peligro, en cualquier momento o lugar, sólo con romper su anonimato y decirse a sí mismo cuánto bien nos iba a hacer? Nos imaginábamos que todos los "publicitarios" de AA irían buscando el patrocinio comercial, utilizando el nombre de AA para vender de todo, desde galletas hasta jugo de naranja.

Teníamos que hacer algo. Escribimos a nuestro amigo recordándole que AA también tenía libertad de expresión. No nos opondríamos a él públicamente, pero le podíamos prometer que la empresa patrocinadora recibiría millares de cartas de queja por parte de miembros de AA si se emitiera el programa. Nuestro amigo abandonó el proyecto.

Pero el dique de nuestro anonimato seguía fisurándose. Varios miembros de AA empezaron a meternos en política. Comenzaron a informar a los comités legislativos locales —públicamente, por supuesto— precisamente lo que AA quería con respecto a la rehabilitación, el dinero y la legislación progresista.

De esta manera, algunos de nosotros, identificados por nuestros nombres completos y, a veces, por fotos, empezamos a formar grupos de presión. Otros miembros se sentaban al lado de los jueces, aconsejándoles cuáles de entre los borrachos que les presentaban debían ser enviados a AA y cuáles a la cárcel.

Luego surgieron los problemas económicos relacionados con el anonimato roto. En esta época, la mayoría de los miembros creíamos que debíamos dejar de solicitar fondos al público para los fines de AA. No obstante, el proyecto educativo de mi amiga, patrocinado por la universidad, había crecido rápidamente. Ella tenía una necesidad, perfectamente correcta y legítima, de dinero, y en grandes cantidades. Por consiguiente, lo solicitó al público, haciendo campañas con este fin. Ya que era miembro de AA y seguía diciéndolo, muchos contribuyentes se confundían. Creían que AA trabajaba en el campo de la educación, o que era AA, propiamente dicha, la que estaba recaudando fondos, cuando en realidad no lo estaba haciendo, ni quería hacerlo.

Así fue como el nombre de AA se estaba utilizando para solicitar fondos en el mismo momento en que estábamos tratando de decirle al público que AA no quería dinero de fuentes ajenas.

Al darse cuenta de lo que ocurría, mi amiga —que al fin y al cabo es una AA maravillosa— trató de recobrar su anonimato. Debido a que había atraído tanta publicidad, esto resultó un duro trabajo. Le costó años lograrlo. Pero hizo el sacrificio y aquí, en nombre de la Comunidad entera, quisiera dejarle constancia de mi profundo agradecimiento.

Este precedente dio impulso a todo tipo de solicitudes públicas de dinero por parte de miembros de AA —dinero para "granjas de desintoxicación", empresas de Paso Doce, pensiones de AA, clubes, etc.— todas alimentadas en gran parte por rupturas de anonimato.

Luego nos sorprendió saber que nos habían comprometido en política partidista, esta vez para el bien de un único individuo. Un miembro, candidato a un cargo público, iba adornando libremente su propaganda política con el hecho de que era miembro de AA y, por deducción, estaba "sobrio como un juez". Ya que AA gozaba de una gran popularidad en su estado, creía que esto contribuiría a su victoria en las elecciones.

Tal vez la mejor historia de este tipo es la de cómo se utilizó el nombre de AA para reforzar los argumentos en un pleito por difamación. Llegó a manos de un miembro, cuyo nombre y cuyos logros profesionales son conocidos en tres continentes, una carta, la cual, según su parecer, perjudicaba su reputación profesional. Creía que se debía hacer algo al respecto, y su abogado, también miembro de AA, estaba de acuerdo. Daban por sentado que tanto el público como AA se sentirían justamente indignados si se expusieran los hechos. Enseguida, aparecieron en varios periódicos reportajes en primera plana que informaban que AA estaba apoyando a una mujer, miembro de la Comunidad —con nombre completo, por supuesto— con la esperanza de que ella ganara su pleito por difamación. Poco tiempo después, un locutor de radio muy conocido dijo la misma cosa a sus oyentes, una audiencia de unos doce millones de personas. Estos acontecimientos demostraron nuevamente que era posible aprovecharse del nombre de AA con motivos puramente personales —y esta vez a escala nacional—.

Los viejos archivos de la oficina central de AA contienen docenas de experiencias de rupturas de anonimato parecidas. La mayoría de ella nos enseñan las mismas lecciones.

Nos enseñan que nosotros los alcohólicos somos los "racionalizadores" más grandes del mundo; que, fortalecidos por el pretexto de hacer cosas buenas para AA, rompiendo nuestro anonimato, podemos reanudar nuestra vieja búsqueda desastrosa del poder y del prestigio personales, del honor público y del dinero: los mismos impulsos implacables que antes, al ser frustrados, nos hicieron beber; las mismas fuerzas que hoy en día desgarran el mundo. Además, ponen bien en claro el hecho de que una cantidad suficientemente grande de gente que rompiera su anonimato de una manera sensacionalista, podría arrastrar consigo a nuestra Comunidad entera a un ruinoso callejón sin salida.

Así que estamos seguros de que, si estas fuerzas llegaran algún día a dominar nuestra Comunidad, nosotros pereceríamos, tal como han perecido otras sociedades en el curso de la historia humana. No supongamos ni por un momento que los alcohólicos recuperados somos mejores o más fuertes que los demás, ni que porque no le haya pasado nada a AA en veinte años, esto asegure que siempre será así.

Nuestra mayor y verdadera esperanza está en el hecho de que nuestra experiencia total, como alcohólicos y como miembros de AA, nos ha enseñado, por fin, el poder inmenso de estas fuerzas de autodestrucción. Estas lecciones, difíciles de aprender, nos han convertido en gente dispuesta a hacer cualquier sacrificio que sea necesario para preservar nuestra querida Comunidad.

Por esta razón, consideramos el anonimato a nivel público como nuestra mejor protección contra nosotros mismos, como el guardián de todas nuestras Tradiciones, y el más apropiado símbolo del autosacrificio que conocemos.

Por supuesto, ningún AA tiene que ser anónimo con su familia, sus amigos o sus vecinos. Por lo general, en estos casos es bueno y sensato revelar la pertenencia a la Comunidad. Ni tampoco existe ningún peligro especial cuando hablamos en las reuniones de grupo de AA, o en las semipúblicas, con tal de que no se publiquen los apellidos en los reportajes de la prensa.

Pero, en cambio, ante el público en general —la prensa, la radio, el cine, la TV, etc.— la publicación de nombres completos y fotos es peligrosísima. Es la principal vía de escape de las temibles fuerzas destructoras que todavía yacen latentes en nosotros. Aquí podemos y debemos mantener la puerta cerrada.

Ahora nos damos perfecta cuenta de que un cien por ciento de anonimato personal ante el público es tan importante para la vida de AA como lo es un cien por ciento de sobriedad para la vida de todo miembro. Este no es un consejo motivado por el temor; es la voz prudente de una larga experiencia. Estoy convencido de que la escucharemos; que haremos todo sacrificio necesario. De hecho, ya la hemos escuchado. Hoy en día, no son sino un mero puñado de miembros los que rompen su anonimato.

Esto lo digo con toda la seriedad que me es posible; lo digo porque sé lo que es realmente la tentación de la fama y del dinero. Lo puedo decir por haber sido uno de los que han roto su anonimato. Doy gracias a Dios porque la voz de la experiencia y los consejos de mis amigos me apartaran de la senda peligrosa, por la que pudiera haber llevado a nuestra Comunidad entera. De esta manera llegué a saber que lo temporal y aparentemente bueno puede ser a menudo el enemigo mortal de lo permanente y mejor. Al tratarse de la supervivencia de AA, nada que no sea nuestro mejor esfuerzo será suficientemente bueno.

Hay otra razón por la que queremos mantener un cien por ciento de anonimato, a la cual a menudo no se hace caso. En vez de atraer más publicidad para nosotros, las repetidas rupturas de anonimato pueden perjudicar gravemente las buenas relaciones que tenemos ahora, tanto con la prensa como con el público, y sería probable que acabásemos con mala prensa y poca confianza por parte del público.

Ya hace muchos años que las emisoras de noticias de todas partes del mundo nos inundan de publicidad entusiasta, una corriente constante fuera de toda proporción con la significación real de los acontecimientos en cuestión. Los editores nos dicen por qué lo hacen. Nos dan más tiempo y espacio porque tienen una confianza absoluta en AA. La misma base de esta confianza, explican, es nuestra insistencia continua en el anonimato personal ante la prensa.

Las agencias de información y los expertos en relaciones públicas nunca habían tratado con una sociedad que rechazara categóricamente hacer propaganda para sus líderes o miembros. Para ellos, esta extraña y agradable novedad siempre ha constituido una prueba patente de que AA es de fiar; que nadie busca su propia ventaja.

Esta, nos dicen, es la razón primordial de su inmensa buena voluntad. Por esta razón, a tiempo y a destiempo, siguen llevando el mensaje de recuperación de AA al mundo entero.

Si, a causa de una cantidad de rupturas de anonimato, acabáramos haciendo prensa, el público y los alcohólicos enfermos pusieran en duda nuestros motivos, perderíamos esta ventaja inapreciable y, al mismo tiempo, a multitud de posibles miembros. Entonces, Alcohólicos Anónimos dejaría de recibir buena publicidad; recibiría menos y mala. Por lo tanto, es fácil adivinar lo que esto podría significar para nuestro futuro. Ya que la mayoría de nosotros ya lo hemos adivinado, y el resto de nosotros pronto lo hará, tengo una completa certeza que ese día funesto nunca llegará a nuestra Sociedad.

Desde hace mucho tiempo el Dr. Bob y yo hacemos todo lo posible para mantener la Tradición de anonimato. Justo antes de que el Dr. Bob muriera, algunos amigos suyos sugirieron que se debería erigir un monumento o mausoleo en honor de él y de su esposa, Anne —algo apropiado para un cofundador—. El Dr. Bob, agradeciéndoles, lo rechazó. Poco tiempo después, al contarme la historia, él me sonrió y dijo: "Por el amor de Dios, Bill, ¿por qué no nos entierran como a los demás?"

El verano pasado, visité el cementerio de Akron donde yacen Bob y Anne. La sencilla lápida mortuoria no dice ni una palabra acerca de Alcohólicos Anónimos. Eso me alegró tanto que lloré. ¿Puede ser que esta pareja maravillosa llevara el anonimato personal demasiado lejos, negándose a utilizar las palabras "Alcohólicos Anónimos" incluso en su propia lápida mortuoria?

No lo creo. A mí me parece que este magnífico y final ejemplo de humildad será de un valor más perdurable para AA que cualquier publicidad espectacular o mausoleo majestuoso.

No tenemos que ir a Akron, Ohio, para

ver el monumento del Dr. Bob. Su verdadero
monumento se puede ver dondequiera que se
encuentre AA. Volvamos a mirar su auténtica
inscripción —una única palabra, grabada por
nosotros los AA—. Esa palabra es, sacrificio.

Bill W.

∞

Bill W. nació en East Dorset, en el estado de Vermont, Estados Unidos, el 26 de noviembre de 1895. Junto con el Dr. Bob S., de Akron, Ohio, fundó Alcohólicos Anónimos en 1935. Durante una internación por alcoholismo, experimentó una profunda transformación espiritual que cambió su vida e inspiró muchos de los principios del movimiento de AA.

Bill W. se percató de que el deseo recurrente de beber desaparece cuando un alcohólico trabaja con otro. Este concepto se convirtió en un principio básico de la nueva sociedad. Además, Bill promovió la idea de que el alcoholismo es una enfermedad que puede ser detenida pero no curada. Influenciada por este concepto de AA sobre alcoholismo, la Asociación Médica Americana, más adelante, redefinió al alcoholismo como una enfermedad y no una falla de la voluntad.

El texto básico de AA, fue redactado en su mayor parte por Bill W. con la colaboración de otros pioneros de AA. Desde su primera publicación en 1939, el Libro Grande, como se le conoce familiarmente, ha vendido más de veintidós millones de copias y ha sido traducido a más de cuarenta idiomas. El revolucionario programa de los Doce Pasos que contiene el libro es el modelo que han seguido muchos otros programas de recuperación.

En las Doce Tradiciones, que fueron originalmente desarrolladas y presentadas en las páginas de la revista Grapevine, Bill creó un esquema sólido para garantizar la unidad de AA, incorporando los originales principios del anonimato, el automantenimiento, la definición de quién es miembro de AA y la no afiliación.

Además de sus numerosos escritos, Bill se dedicó a fondo al desarrollo de una estructura de servicios para Alcohólicos Anónimos, que resistiera el paso del tiempo.

En junio de 1999, la revista Time designó a Bill W. como una de la cien personas más influyentes del siglo veinte.

Bill falleció el 24 de enero de 1971 en Miami, Florida.

Los Doce Pasos

1. Admitimos que éramos impotentes ante el alcohol: que nuestras vidas se habían vuelto ingobernables.

2. Llegamos a creer que un Poder Superior a nosotros mismos podría devolvernos el sano juicio.

3. Decidimos poner nuestras voluntades y nuestras vidas al cuidado de Dios, como nosotros lo concebimos.

4. Sin miedo hicimos un minucioso inventario moral de nosotros mismos.

5. Admitimos ante Dios, ante nosotros mismos y ante otro ser humano, la naturaleza exacta de nuestros defectos.

6. Estuvimos enteramente dispuestos a dejar que Dios nos liberase de nuestros defectos.

7. Humildemente le pedimos que nos liberase de nuestros defectos.

8. Hicimos una lista de todas aquellas personas a quienes habíamos ofendido y estuvimos dispuestos a reparar el daño que les causamos.

9. Reparamos directamente a cuantos nos fue posible el daño causado, excepto cuando el hacerlo implicaba perjuicio para ellos o para otros.

10. Continuamos haciendo nuestro inventario personal y cuando nos equivocábamos lo admitíamos inmediatamente.

11. Buscamos a través de la oración y la meditación mejorar nuestro contacto consciente con Dios, como nosotros lo concebimos, pidiéndole solamente que nos dejase conocer su voluntad para con nosotros y nos diese la fortaleza para cumplirla.

12. Habiendo obtenido un despertar espiritual como resultado de estos Pasos, tratamos de llevar este mensaje a los alcohólicos y de practicar estos principios en todos nuestros asuntos.

Las Doce Tradiciones

1. Nuestro bienestar común debe tener la preferencia; la recuperación personal depende de la unidad de AA.

2. Para el propósito de nuestro grupo sólo existe una autoridad fundamental: un Dios amoroso tal como se exprese en la conciencia de nuestro grupo. Nuestros líderes no son más que servidores de confianza; no gobiernan.

3. El único requisito para ser miembro de AA es querer dejar de beber.

4. Cada grupo debe ser autónomo, excepto en asuntos que afecten a otros grupos de AA o a AA, considerado como un todo.

5. Cada grupo tiene un solo objetivo primordial: llevar el mensaje al alcohólico que aún está sufriendo.

6. Un grupo de AA nunca debe respaldar, financiar o prestar el nombre de AA a ninguna entidad allegada o empresa ajena, para evitar que los problemas de dinero, propiedad y prestigio nos desvíen de nuestro objetivo primordial.

7. Cada grupo de AA debe mantenerse completamente a sí mismo, negándose a recibir contribuciones de afuera.

8. AA nunca tendrá carácter profesional, pero nuestros centros de servicio pueden emplear trabajadores especiales.

9. AA como tal nunca debe ser organizada; pero podemos crear juntas o comités de servicio que sean directamente responsables ante aquellos a quienes sirven.

10. AA no tiene opinión acerca de asuntos ajenos a sus actividades; por consiguiente su nombre nunca debe mezclarse en polémicas públicas.

11. Nuestra política de relaciones públicas se basa más bien en la atracción que en la promoción; necesitamos mantener siempre nuestro anonimato personal ante la prensa, la radio y el cine.

12. El anonimato es la base espiritual de nuestras tradiciones, recordándonos siempre anteponer los principios a las personalidades.

Oración de San Francisco de Asís

Señor, hazme instrumento de tu paz.
Donde haya odio, siembre yo amor;
donde haya injuria, perdón;
donde haya duda, fe;
donde haya desaliento, esperanza;
donde haya sombra, luz;
donde haya tristeza, alegría.

¡Oh, Divino Maestro!:
Concédeme que no busque
ser consolado, sino consolar;
que no busque ser comprendido,
sino comprender;
que no busque ser amado, sino amar.

Porque dando es como recibimos;
perdonando es como Tú nos perdonas;
y muriendo en Ti es como nacemos a la vida eterna.

ALCOHÓLICOS ANÓNIMOS

El programa de recuperación de AA se basa por completo en este texto básico, Alcohólicos Anónimos (también conocido comúnmente como el Libro Grande), ahora en su cuarta edición, así como en libros de Doce Pasos y Doce Tradiciones y Viviendo sobrio entre otros. También es posible encontrar información sobre AA en la página web de AA en WWW.AA.ORG, o escribiendo a la siguiente dirección: Alcoholics Anonymous, Box 459, Grand Central Station, New York, NY 10163, USA. Si desea encontrar recursos en su localidad, consulte la guía telefónica local bajo "Alcohólicos Anónimos". También puede obtener a través de AA los cuatro panfletos siguientes "Esto es AA", "¿Es AA para Usted?", "44 preguntas" y "Un principiante pregunta".

AA GRAPEVINE

AA Grapevine es la revista mensual internacional de AA que se ha publicado continuamente desde su primer número en junio de 1944. El panfleto de AA sobre AA Grapevine describe su alcance y su finalidad de la siguiente manera: "Como parte integrante de Alcohólicos Anónimos desde 1944, el Grapevine publica artículos que reflejan la amplia diversidad de la experiencia e ideas que hay dentro de la Comunidad de A.A., y así también lo hace La Viña, la revista bimensual en español, publicada por primera vez en 1996. En sus páginas, no hay punto de vista o filosofía dominante, y al seleccionar el contenido, la redacción se basa en los principios de las Doce Tradiciones".

Además de revistas, AA Grapevine, Inc. también produce libros, libros electrónicos, audiolibros y otros artículos. También ofrece una suscripción a Grapevine Online que incluye: Cinco historias nuevas cada semana, AudioGrapevine (la versión en audio de la revista), el archivo de historias de Grapevine (la colección completa de artículos de Grapevine), así como el actual número de Grapevine y La Viña en formato HTML. Si desea obtener más información sobre AA Grapevine, o suscribirse a alguna de las opciones mencionadas, visite la página web de la revista en WWW.AAGRAPEVINE.ORG o escriba a:

AA Grapevine, Inc.
475 Riverside Drive
New York, NY 10115
USA